GW01315639

नानी आप कितनी अच्छी हो!

Written by **जया भनोट**

Illustrated by **श्रुति मोता**

This book belongs to

_____

Dedicated to my daughter's most
wonderful Nani!

This book is a celebration of the unique
bond between grandparents and
grandkids.

I hope it will bring a smile to your face.
There might even be a tear or two.

Enjoy!

नानी आप कितनी अच्छी हो!

Naani
Aap Kitni
Achhi Ho

नानी आप कितनी अच्छी हो!

Naani aap kitni achhi ho!

जब मैं सुबह उठकर आपके कमरे में आती हूं,
आप मुस्कुरा कर पूछती हो,
"उठ गया बच्चे? नींद पूरी हुई?"

Jub main soobah oothkar aapkay
kumray mein aati hoon,
Aap mooskoora kay poochhti ho,
"Ooth guyaa buchchay? Neend poori hui?"

नानी आप कितनी अच्छी हो!

Naani aap kitni achhi ho!

आप जल्दी से मुझे तैयार करके,
नाश्ता देके, प्यार से मेरे बाल बनाके,
मुझे बाहर घुमाने ले जाती हो|

Aap juldee se mujhay taiyaar kurkay,
Naashta daykay,
pyaar say mayray baal bunaakay,
Moojhay baahur ghoomaanay lay jaati ho

नानी आप कितनी अच्छी हो!

Naani aap kitni achhi ho!

जब मैं डर जाती हूँ, या गिर के रोने लगती हूं,
आप मुझे गले लगाकर कहती हो,
"तो क्या हो गया? आप तो बहादुर बच्चे हो!"

Jub main dur jaati hoon, ya gir kay ronay lugti hoon,
Aap moojhay gulay lugaakur kehti ho
"Toh kyaa ho guyaa? aap toh buhadoor buchchay ho"

नानी आप कितनी अच्छी हो!

Naani aap kitni achhi ho!

आप मेरे लिए पराठा बनाती हो,
मुझे कहानी सुनाती हो,
और कभी थकती भी नहीं |

Aap mayray liyay purathaa bunati ho,
Moojhay kuhani soonaati ho
Aur kubhi thukti bhi nuheen

पर जब मैं ज़िद्द या कोई बदमाशी करती हूँ,
आप मुझे डांट लगाती हो,
और फिर समझाकर प्यार भी करती हो |

Pur jub main zid ya koi budmaashi kurtee hoon,
Aap moojhay daant lugaati ho,
Aur phir sumjhaakur pyaar bhi kurti ho

नानी आप कितनी अच्छी हो!

Naani aap kitni achhi ho!

जब मैं रात को सोने जाती हूं
आप मेरे सिर पर हाथ फेरकर कहती हो,
"अच्छे से सोना, कल फिर खूब मज़े करेंगे!"

Jub main raat ko sonay jaati hoon
Aap mayray sir pur haath rukh-kay kehtee ho
"Uchhay say sonaa, kul phir khoob muzay kurayngay!"

नानी आप
सबसे अच्छी हो!

Naani aap
subsay achhi ho!

About the author

Jaya is an economist turned business strategist. She grew up in New Delhi, India, but London is now home for her.

Growing up multilingual, with Hindi, Punjabi and English at home, she is keen for her daughter to enjoy the richness of all these languages in their original form and also (especially) the bad jokes!

Passionate about raising a bilingual child, she started by doing Hindi rhyme-times when her daughter was a toddler. She now also teaches Hindi. Her lessons extend beyond formal classes and include plays, games and goofing around -in Hindi. This book is her attempt to create something joyful that will make young readers want to read more in Hindi.

About the illustrator

Shruti is a creative designer, animator, illustrator, and storyteller with a love for children's books and bringing stories to life through vibrant art. Based in Bangalore, her home, she recently moved to London to pursue a master's degree and further her creative career. With every project, Shruti seeks to weave a new story, using her illustrations to spark imagination and make stories come alive.

Printed in Great Britain
by Amazon

60467177R00016